BEI GRIN MACHT SICH IHR WISSEN BEZAHLT

AF 136093

- Wir veröffentlichen Ihre Hausarbeit,
  Bachelor- und Masterarbeit

- Ihr eigenes eBook und Buch -
  weltweit in allen wichtigen Shops

- Verdienen Sie an jedem Verkauf

Jetzt bei www.GRIN.com hochladen
und kostenlos publizieren

Bibliografische Information der Deutschen Nationalbibliothek:

Die Deutsche Bibliothek verzeichnet diese Publikation in der Deutschen National-
bibliografie; detaillierte bibliografische Daten sind im Internet über http://dnb.d-
nb.de/ abrufbar.

Dieses Werk sowie alle darin enthaltenen einzelnen Beiträge und Abbildungen
sind urheberrechtlich geschützt. Jede Verwertung, die nicht ausdrücklich vom
Urheberrechtsschutz zugelassen ist, bedarf der vorherigen Zustimmung des Verla-
ges. Das gilt insbesondere für Vervielfältigungen, Bearbeitungen, Übersetzungen,
Mikroverfilmungen, Auswertungen durch Datenbanken und für die Einspeicherung
und Verarbeitung in elektronische Systeme. Alle Rechte, auch die des auszugsweisen
Nachdrucks, der fotomechanischen Wiedergabe (einschließlich Mikrokopie) sowie
der Auswertung durch Datenbanken oder ähnliche Einrichtungen, vorbehalten.

Impressum:

Copyright © 2019 GRIN Verlag
Druck und Bindung: Books on Demand GmbH, Norderstedt Germany
ISBN: 9783346090256

Dieses Buch bei GRIN:

https://www.grin.com/document/512664

Sascha Heller

Emotionen, emotionale Intelligenz und Motive. Deutungen und Erklärungsansätze

GRIN Verlag

GRIN - Your knowledge has value

Der GRIN Verlag publiziert seit 1998 wissenschaftliche Arbeiten von Studenten, Hochschullehrern und anderen Akademikern als eBook und gedrucktes Buch. Die Verlagswebsite www.grin.com ist die ideale Plattform zur Veröffentlichung von Hausarbeiten, Abschlussarbeiten, wissenschaftlichen Aufsätzen, Dissertationen und Fachbüchern.

Besuchen Sie uns im Internet:

http://www.grin.com/

http://www.facebook.com/grincom

http://www.twitter.com/grin_com

Hausarbeit

Emotionen, emotionale Intelligenz und Motive

SRH Fernhochschule

Modul: Allgemeine Psychologie 2
Studiengang: Wirtschaftspsychologie

Von
Sascha Heller
Studiengang: Wirtschaftspsychologie

Inhalt

1. Emotionale Intelligenz

Prinzipiell ist es schwierig eine geltende Definition für den Begriff emotionale Intelligenz (im folgenden EI genannt) zu finden. Auf Grund der enormen Popularität und vorherrschenden Meinung soll hier die Definition von Goleman beschrieben werden. Daniel Goleman beschreibt die emotionale Intelligenz als Fähigkeit unsere eigenen Emotionen zu erkennen (Selbstwahrnehmung), mit ihnen umzugehen und sie zu kontrollieren (Selbstmanagement). Außerdem geht es darum, Fremdemotionen zu beurteilen und zu steuern (soziales Bewusstsein) sowie Beziehungen mit unseren Mitmenschen aufbauen und pflegen zu können (Beziehungsmanagement). Demnach vermag die emotionale Intelligenz zu erkennen, wenn wir z.B. von Wut erfüllt sind. Aber auch, dass diese Wut durch das Selbstmanagement kontrolliert werden kann. Emotional intelligente Menschen haben zudem die Fähigkeit, die Emotionen ihrer Mitmenschen z.B. durch ihre Gestik oder Mimik zu erkennen und sie zu steuern, z.B. in dem man jemanden beruhigt der im Moment wütend ist. Durch das Beziehungsmanagement ist man in der Lage eine emotionale Beziehung mit seinen Mitmenschen aufzubauen und diese des Weiteren zu pflegen z.B. durch Anteilnahme an Trauer oder die gemeinsame Freude über eine gute Note des Freundes. (Becker 2014, S. 113)

1.1 Ansätze zur emotionalen Intelligenz

1.1.1 Ansatz EI nach Salovey und Mayer

Für Salovey und Mayer sind Emotionen zum einen physiologische Reaktionen auf Gefühle und andererseits die kognitive Bewertung, welche sich auf die Bedeutung von Gefühlen beziehen. Dieses Modell war dabei die erste fertige Theorie zur Emotionalen Intelligenz. Die Intelligenz wird von ihnen als reflektive Fähigkeit definiert, mit Informationen umzugehen und aus diesen kognitiven Überlegungen und Konsequenzen schlussfolgern zu können. 1997 postulierten Salovey und Mayer dann ihr neues Modell, welches aus vier Aspekten besteht. Diese werden in die Bereiche "Erfahrung- und Erleben" und in den Strategiebereich unterteilt. Der Erfahrungs- und Erlebensbereich umfasst die Aspekte, welche aus dem Erleben generiert oder daraus abgeleitet werden. Es geht dabei um die Wahrnehmung, Bewertung und den Ausdruck eigener Emotionen. Hierzu kommen alle Aspekte über die Kenntnis über die Zusammenhänge von Emotionen und Denken, sowie die unterstützende Verwendung von Emotionen für den Denkprozess. In der Praxis beschreibt der Erfahrungs- und Erlebensbereich z.B. das Erkennen der Emotionen bei anderen Personen durch deren Wortwahl, Stimmlage und Verhalten. Über Gefühle urteilen kann man, wenn man gelernt hat seine Emotionen als Unterstützung des Denkens zu nutzen. Dies unterstützt auch die Fähigkeit andere Perspektiven im Denken einzunehmen und dies zur Problemlösungsfähigkeit zu nutzen. In dem Strategiebereich geht es wie oben bereits erwähnt darum, Emotionen zu verstehen und den reflexiven Umgang mit Emotionen einzuordnen. Die Aspekte beziehen sich hierbei auf Ziele und Handlungspläne. Dabei nimmt der Wert der emotionalen Intelligenz dann zu, wenn Emotionen benannt und in Beziehung mit anderen Emotionen gebracht werden können. Außerdem sollte man fähig sein, losgelöst von seinen Emotionen, innerhalb der Metaebene über diese zu reflektieren und nur die positiven Aspekte der Emotionen zu nutzen. Durch ihren MSCEIT Test können die vier Komponenten emotionaler Intelligenz erfasst werden. (Becker 2014, S. 111–112)

1.1.2 Ansatz EI nach Goleman

Im Jahre 2000 postulierte Daniel Goleman in dem Magazin "Leadership that gets result" sein Modell der emotionalen Intelligenz. Dieses baute zwar auf dem Modell von Salovey und Mayer auf, bezog sich jedoch mehr auf den beruflichen Kontext, speziell in den Bereichen "Führung und Leistung". An seinem Modell war vor allem neu, dass er die Amygdala und das limbische System in seine Überlegungen mit einbrachte. Dabei nimmt die Kampf-oder-Flucht-Reaktion einen zentralen Aspekt der EI ein. Dabei entwickeln junge Menschen während des Heranwachsens die Fähigkeit ihre Emotionen zu kontrollieren. Betrachtet man z.b., wie ein junger Mensch vor einem Bären davon läuft, könnte man während seiner Entwicklung beobachten, dass er nun mit seiner Gruppe den Bären selbst als Beute sieht und auf ihn zugeht. Goleman unterscheidet die EI eines Menschen dahingehend, wie gut dieser grundlegende emotionale Reaktionen entwickeln, verwenden und kontrollieren kann. Im Jahre 1995 setzten sich die Aspekte der EI wie folgt zusammen:

- Emotionale Zustände erkennen und verstehen
- Eigene Emotionen verstehen, kontrollieren und unerwünschte umwandeln
- Fremdemotionen beurteilen, aufnehmen und beeinflussen zu können
- Emotionale Beziehungen aufbauen und pflegen

Dieses Modell wurde von Goleman erneuert überarbeitet, wobei die einzelnen Aspekte unter den Begriffen Selbstwahrnehmung, Selbstmanagement, Soziales Bewusstsein und Beziehungsmanagement zusammengefasst wurden. Außerdem fügte er seinem Modell den Drang nach Leistung und Erfolg durch emotionale Zustände hinzu. (Becker 2014, S. 112–113)

1.1.3 Ansatz EI nach Bar-On

Im Jahre 2005 entwickelte Bar-On sein emotional-soziales Intelligenzmodell. Er stellt dies in Bezug auf Charles Darwins Evolutionstheorie. Dabei geht er davon aus, dass der

Ausdruck von Emotionen für die evolutionäre Anpassung eine zentrale Rolle spielt um sich den Umweltbedingungen effektiv anpassen zu können. Bar-On entwickelte fünfzehn Intelligenzaspekte, welche er auf fünf Domänen aufteilte. So gehört die Fähigkeit Emotionen zu erkennen, verstehen und auszudrücken zur intrapersonellen Intelligenz. Wohingegen Fremdemotionen zu verstehen und dabei Beziehungen herzustellen zu der interpersonellen Intelligenz gehört. Die Domäne der Anpassungsfähigkeit umschließt die Fähigkeit Emotionen zu kontrollieren und diese zu beeinflussen. Das Stressmanagement schließt die Fähigkeiten mit ein, mit persönlichen und interpersonellen Problemen umzugehen, zu verändern, sie anzupassen und schließlich zu lösen. Die Stimmungslage umfasst zuletzt die Fähigkeit positive und motivierende Gefühle zu erzeugen. Bar-On entwickelte auf der Grundlage seines Modells das erste Testverfahren zur Erfassung von emotionaler Intelligenz, welches eine Analogie zum IQ-Test darstellt. Dieser Test nennt sich Emotional Quotient Inventors oder auch EQ-i, welches den emotionalen Quotienten liefert. (Becker 2014, S. 113–114)

1.2 Emotionale Intelligenz und ihre Rolle innerhalb der Teambildung

Teams sind in der heutigen Arbeitswelt nicht mehr wegzudenken. Innerhalb der Teams ist vor allem die vielseitige Ideenbildung von enormem Interesse. Diese Teams werden meist von Führungskräften erstellt. Diese wählen die Mitglieder für ein Team, definieren ihre Vorgaben und übernehmen die Rollenverteilung. Eine Schlüsselqualifikation hierfür ist die emotionale Intelligenz. Die Begriffe Vertrauen, Willenskraft und auch die Glaubwürdigkeit sind für das Team daher von großer Bedeutung. Vertrauen kann z.B. innerhalb eines Teams durch das Beziehungsmanagement nach Goleman aufgebaut werden. Bei der Leitung eines Teams ist die Führungskraft dazu angehalten, die Emotionen seiner Mitarbeiter zu erkennen. Diese können als Indikatoren dafür gesehen werden, ob Konflikte oder Missstände innerhalb des Teams bestehen oder entstehen. Die Emotionen seiner Mitarbeiter können auch Rückschlüsse auf die Zielbildung zulassen. Decken sich die erreichten Ziele nicht mit den persönlichen Zielen seiner Mitarbeiter, kann dies an ihren Emotionen erkannt werden und empathisch darauf eingegangen werden. (Hank 2016a, S. 16)

Da die Bedeutung der emotionalen Intelligenz speziell für die Führungskraft enorm ist, kann man dazu raten, diese sozialen und emotionalen Fertigkeiten durch ein spezielles Training weiter auszubilden. Durch die Vorbildfunktion der Führungskraft beeinflussen seine emotionalen Kompetenzen das Verhalten der Teammitglieder und deren Zusammenarbeit. Es kann daher von Vorteil sein, die emotionalen Fähigkeiten der Teammitglieder schon bereits während der Bildungsphase zu verbessern und zu sensibilisieren. (Hank 2016a, S. 22)

Um nun eine geeignete Auswahl von Teammitgliedern gewährleisten zu können, sollte eine Führungskraft zunächst fähig sein die Potentiale der Bewerber zu erkennen und diese auch fördern zu können. Hierbei spielt die Empathie eine wichtige Rolle. Da der Anführer sowohl die Bedürfnisse als auch die Potentiale seiner Mitarbeiter erkennen muss, sollte er dazu in der Lage sein, sich in diese hineinzuversetzen. Durch die verschiedenen Phasen hinweg sollten negative und positive Emotionen beobachtet werden, damit der Anführer entsprechend reagieren kann und somit die Harmonie innerhalb des Teams aufrecht gehalten wird.(Hank 2016a, S. 26–28)

Ein Team wird innerhalb von vier definierten Phasen gebildet, in denen der Anführer eine beobachtende, führende und auch moderierende Rolle innehat. Auch hierbei sind die Anforderungen an seine emotionale Intelligenz gegeben. Die Gründungsphase beschreibt den ersten Kontakt unter den Mitarbeitern. Sie geht häufig mit Unsicherheit, Distanz und Orientierung einher. Hier kommt es vor allem auf den Anführer an, der in dieser Phase eine managende Rolle innehat. Hat sich das Team kennengelernt, kommt es erst mal zu Konflikten. Jeder möchte im Team glänzen und hat daher eine Ich-Einstellung. Diese Phase wird daher auch als Streitphase bezeichnet. Eine gemeinsame Zielsetzung durch den Anführer kann hier zur Auflösung erster Konflikte führen. Im nächsten Schritt kommt es zur Vertragsbildung. Es werden Gruppenstandards entwickelt, Feedback gegeben und Vereinbarungen abgeschlossen. Hierbei hat der Anführer eher eine beobachtende Rolle inne und kann einschreiten, wenn sich neue Konflikte bilden. In der Performing-Phase hat der Anführer ebenfalls eher eine beobachtende Rolle inne, da sich das Team in der Regel selbst steuert. (Hank 2016a, S. 36–37)

Auf die Rollenverteilung innerhalb des Teams soll nun noch weiter eingegangen werden. Zunächst ist es wichtig, dass sich in einem Team unterschiedliche Charaktertypen und Persönlichkeiten finden, um alle Rollen besetzen zu können und einen größeren Ideenpool zu generieren. Dabei sollten sich die verschiedenen Charaktertypen soweit ergänzen, dass sie sich gegenseitig weiter motivieren können. Der Anführer des Teams sollte eine neutrale Rolle einnehmen und so ein Gefühl von Gleichberechtigung erzeugen. Damit ist er in der Lage, Konflikte auf eine konstruktive Art und Weise zu lösen. (Hank 2016a, S. 38–39)

1.3   Diskussion EI

Salovey und Mayer definieren die emotionale Intelligenz als reflektive Fähigkeit Emotionen wahrzunehmen, zu bestehen und zu beeinflussen. Dies umfasst sowohl eigene als auch fremde Emotionen. Bar-On bezieht sich bei seiner Theorie auf die evolutionäre Anpassung auf die Umwelt. So konnten die Menschen vermutlich sehr früh in ihrer Entwicklung durch Mimik und Gestik bzw. innerhalb der Verhaltensebene ihre Emotionen kommunizieren. Dies fördert das Gruppengefühl und kann dem einzelnen eine Art Sicherheit durch die Gruppe gewährleisten. Goleman hingegen konzentrierte sich bei seinem Ansatz mehr auf die Kampf-oder-Flucht-Reaktion. Demnach lernt man seine Emotionen während des Heranwachsens zu kontrollieren. Er geht im speziellen noch auf den Drang nach Leistung und Erfolg sowie das Beziehungsmanagement ein. Daher hat seine Theorie in der Praxis einen immensen Zuspruch genossen.

Die Beziehung zwischen Intelligenz, sozialem Bewusstsein und emotionaler Intelligenz lässt sich nicht völlig trennen, da die Beziehung zu kognitionspsychologischen Intelligenztheorien unklar ist. Da verschiedenste Faktoren bei einer Entscheidung oder einem Verhalten eine Rolle spielen, ist es bisher nicht eindeutig möglich die emotionale Intelligenz genau zu definieren. Auch unklar ist der Unterschied zwischen sozialen Kompetenzen und emotionaler Intelligenz. Außerdem ist es umstritten, ob ein Test zur Messung der EI wie ein Leistungstest ausgewertet werden kann. (Becker 2014, S. 114)

2. Definition Emotionen

Der Begriff Emotion stammt aus dem Lateinischen und bedeutet so viel wie "herausbewegen", "vertreiben", oder auch „unterbrechen". Die Emotion selber ist ein vielschichtiges Konzept. Bisher gibt es keine, von allen akzeptierte Definition, da keine einheitlichen empirischen Ergebnisse vorliegen. Man kann Emotionen umreisen, in dem man sagt, dass Emotion ein qualitativ näher beschreibbarer Zustand ist, welcher mit Veränderungen von Gefühl, Physiologie und Verhalten einhergeht. Stimmungen sind von Emotionen abzugrenzen, da diese länger andauern und weniger intensiv sind. Demnach lassen sich drei Komponenten von Emotionen unterscheiden. Das Gefühl, welches meist schwer zu verbalisieren ist, die physiologischen Aspekte (wie z.B. Puls oder Augenbewegungen) und das Verhalten (wie z.B. das wütend die Tür zu schlagen).

Abzugrenzen wäre der Begriff des Affekts. Darunter versteht man hingegen eine kurze und heftige Emotion mit starken Verhaltenstendenzen. Das Gefühl hingegen bezieht sich rein auf die ergebnisbezogene Komponente. (Jansen 2018, S. 9–10)

Um den Begriff der Emotionen näher zu erläuterten, sollen im Folgenden kurz die Basisemotionen angesprochen werden. Basisemotionen sind dadurch charakterisiert, dass sie von allen Menschen und Kultur weltweit gleich interpretiert werden und demnach eine kulturübergreifende Gültigkeit haben. Die Basisemotionen sind Freude, Traurigkeit, Überraschung, Ekel, Furcht, Wut und Verachtung. Wobei auch der musikalische Ausdruck von Emotionen universell zu sein scheint. Es gibt natürlich auch sekundäre oder auch tertiäre Emotionen, wobei hier der Status der Emotionen nicht ermittelt werden kann, da sie sich nicht zu den Grundemotionen rechnen. (Jansen 2018, S. 11–12)

2.1 Entstehungsweise von Emotionen

Um die Emotionen weiter verstehen zu können, stellt sich die Frage, wie es überhaupt zu Emotionen kommt. Emotionen entstehen im limbischen System und besitzen drei Komponenten.

Die subjektive Komponente wird auch als Gefühl bezeichnet. Gefühle lassen sich aufgrund ihrer subjektiven Natur nur sehr schwer objektiv erfassen. Die Probanden können zwar von ihren Gefühlen berichteten, jedoch ist es nicht prüfbar ob sie nicht von Gefühlen berichten, welche den tatsächlichen Gefühlen nicht im Ganzen entsprechen. Somit ist bei einer Untersuchung von Gefühlen auch die sprachliche Ausdrucksweise des Probanden von Bedeutung, da der Proband auch in der Lage sein muss, seine Gefühle so auszudrücken, dass sie von den Forschern erfasst werden können.

Die physiologische Komponente wird hierarchisch an zweiter Stelle gesetzt. Dies kann dadurch begründet werden, da erst die Gefühle die physiologische Reaktionen hervorrufen. Zur physiologischen Komponente zählen alle körperlichen Reaktionen, welche durch das neuronale oder endokrine System entstehen. Diese physiologischen „Anzeichen" sind sehr gut objektivierbar. Die Objektivierbarkeit kann noch dadurch gesteigert werden, wenn man besonders intensive Emotionen beobachtet. Betrachtet man z.B. die Angst, so kann diese durch verschiedene physiologische Messungen bestätigt werden. Dabei können die folgenden Merkmale geprüft werden: Herzschlag, Atmung, Blutzuckerspiegel, Blutverteilung und die Pupillengröße. Außerdem ist es auch möglich zu bestimmen, wann die Emotion der Angst sich abbaut. Dabei wird z.B. die Ausschüttung von Adrenalin gehemmt, wodurch sich das bestehende Adrenalin im Körper langsam abbaut.

Nachdem der Proband das Gefühl nun empfunden hat und sich auch die physiologische Komponente manifestiert hat, kann sich die Emotion nun auf das Verhalten auswirken. Diese dritte Komponente bezieht sich nun auf alle beobachtbaren Verhaltensweisen, welche mit der Emotion in Verbindung gebracht werden können. Hierzu gehört unter anderem die Gestik, die Mimik oder andere Verhaltensweisen, die von Emotionen ausgelöst werden. Diese Verhaltensweisen können entweder durch verschiedene Methoden gemessen werden oder auch ohne Methodik beobachtet werden.

Die schrittweise Entstehung von Emotionen soll nun anhand eines Beispiels näher erläutert werden. Betrachten wir einmal die Emotion Trauer über einen Verlust. In der ersten Komponente der Trauer ist der Proband fähig ein Gefühl auszudrücken, welches sich zumindest der Trauer annähert. Man fühlt sich hilflos oder verlassen. Betrachtet man die zweite Komponente der Emotion, so wäre es z.b. möglich die Trauer anhand des Herzschlages zu messen. Entsteht nun ein Verhalten innerhalb der dritten Komponente kann dieses beobachtet werden. Man könnte z.b. messen, ob sich das Essverhalten bei traurigen Menschen verändert. Man kann aber auch ohne Methodik einfach das Weinen beobachtet, welches einen Rückschluss auf die Trauer der Person zulässt.

Bei der Erfassung von Emotionen ist jedoch immer problematisch, dass eine oder auch mehrere Komponenten, durch die Person verfälscht werden kann. Dieses Verfälschen kann mittels der Emotionsregulation durchgeführt werden. (Jansen 2018, S. 12–13) Daher ist die Messung der ersten und dritten Ebene sehr schwer objektivierbar. Wohingegen die physiologischen Reaktionen meist unbewusst ablaufen und für den Probanden nur sehr schwer veränderbar sind.

2.2 Emotionen kontrollieren – Die Emotionsregulation

Emotionen können manchmal negative Folgen haben, daher versuchen Menschen ihre Emotionen aktiv zu beeinflussen. Die Emotionsregulation umfasst alle Tätigkeiten und Strategien, welche dazu nützlich sind, Einfluss auf erlebte Emotionen zu nehmen und sich so seiner sozialen Umwelt anzupassen. Emotionsregulation bedeutet aber auch positive Emotionen zu intensivieren.

Kurz gesagt umfasst die Emotionsregulation alle Prozesse, die darauf ausgelegt sind zu kontrollieren, welche Emotionen, wann, wie und unter welchen Umständen erlebt oder zum Ausdruck gebracht werden. Dabei können diese Prozesse an verschiedenen Entstehungspunkten der Emotionen ansetzen. Der Emotionsregulationsprozess kann entweder kontrolliert durch Bewusstsein und Anstrengung oder automatisch innerhalb kürzester Zeit ablaufen. (Jansen 2018, S. 83)

Stellt man sich vor, man arbeitet im Service, indem ein freundliches Auftreten von größter Wichtigkeit ist. Nun ist man wütend, weil man bei der Fahrt zur Arbeit verkehrswidrig überholt wurde. Nun könnte man versuchen, seinen Ärger zu unterdrücken und somit die Verhaltensebene regulieren. Außerdem könnte man noch versuchen, die physiologische Ebene zu manipulieren, indem man tief durchatmet, um so seinen Herzschlag zu beruhigen. Möchte man an der Gefühlsebene arbeiten, wäre es z.B. möglich, das Gefühl zu unterdrücken, indem man sich denkt, dass die Fahrweise des Überholers schon bald eine Strafe nach sich zieht und somit aus der Wut Schadenfreude generieren.

2.2.1 Ziele der Emotionsregulation

Da die Emotionsregulation im Normalfall z.B. kognitive Ressourcen benötigt, wird sie nur dann eingesetzt, wenn sie der Person als notwendig erscheint. Emotionsregulation wird aus einem sozialen Grund unternommen, um innerhalb der sozialen Umwelt seine Emotionen besser zu kontrollieren. Man kann drei Ziele voneinander unterscheiden.

Das Ziel des Impression Managements ist es, den Eindruck anderer Menschen so zu verändern, dass dieser nicht negativ ausfällt. Stellt man sich vor man geht nun wütend in ein Bewerbungsgespräch und lässt seinen Emotionen freien Lauf, so wird der erste Eindruck der Gesprächspartner wohl nicht so gut ausfallen. Daher ist es hier ratsam sein Verhalten so zu verändern, dass man einen guten Eindruck macht.

Das Ziel der sozialen Kontrolle ist es, andere Menschen durch die Regulation der Emotionen zu manipulieren. Hierfür wäre ein einfaches Beispiel der Einkauf mit einem Kleinkind. Kaum ist es im Laden möchte es bereits etwas haben. Um dies zu bekommen kann es toben oder weinen oder was den Jüngsten noch so einfällt. Damit übt es eine soziale Kontrolle aus, indem seine Wut dazu führt, dass z.B. die Oma ihm sein Heft kauft.

Innerhalb der prosozialen Ziele geht es darum, andere Menschen zufrieden zu stellen oder zu beschützen. Man kann sich hier z.B. ein Paar vorstellen, bei dem der Mann etwas gefährliches machen möchte, z.B. Fallschirmspringen. Hierbei kann die Frau ihre Emotionen „Angst" oder „Trauer" so einsetzten, dass der Mann von seinem Vorhaben ablässt. Somit hätte sie ihr prosoziales Ziel, nämlich den Mann zu beschützen, erreicht.

Möchte man seine Emotionen regulieren gibt es gewisse Vorrausetzungen die zu beachten sind. Durch das Emotionswissen ist man in der Lage, Diskrepanzen zwischen wahrgenommenen Emotionen und den sozial erwünschten Emotionen zu erkennen. Dabei muss man zuerst das Normwissen besitzen, welche Emotionen überhaupt sozial erwünscht sind. Den nicht überall auf der Welt ist dieses Normwissen gleich. So haben z.B. verschiedene Kulturen unterschiedliche Normen. Innerhalb von individualistischen Kulturen ist die Bedeutung des einzelnen sehr groß. In kollektivistischen Kulturen hingegen achtet man eher auf die Bedürfnisse des Kollektivs, also der Gesamtgruppe. Auch das Geschlecht hat Einfluss auf diese Normen. So sind für Frauen andere Verhaltensweisen und Emotionen angemessen wie für Männer. Vor allem aber sind die Normen im arbeitsbezogenen Kontext von großer Wichtigkeit. Menschen, die im Service arbeiten, müssen z.B. sehr freundlich sein und eher extrovertiert. Daher ist es im arbeitsbezogenen Kontext wichtig die Normen zu kennen, da die Emotionen nach außen eine gewisse Wirkung haben und somit zum beruflichen Erfolg beitragen. (Jansen 2018, S. 84–85)

2.2.2. Emotionen und die Emotionsregulation im beruflichen Kontext

Emotionale Intelligenz ist vor allem dann wichtig, wenn Menschen zusammen in Teams arbeiten sollen. Natürlich sind in der Praxis Mitarbeiter und Emotionen nicht zu trennen. Ein Team ist eine Gruppe von Personen, welche an einem gemeinsamen Ziel arbeiten. Daher ist es wichtig, dass diese Gruppe gut zusammenpasst, um sich stets gegenseitig zu fördern. (Hank 2016b)

Damit ein Team gut zusammen funktioniert, sollte eine harmonische Stimmung herrschen, wobei Diskussionen auf konstruktive Weise genutzt werden. Die emotionalen Fähigkeiten, insbesondere die Empathie, sollten bei den Teammitgliedern sorgfältig geschult werden (Hank 2016b, S. 17). Negative Emotionen können destruktiv wirken und eine negative Stimmung erzeugen. Wohingegen positive Emotionen konstruktiv wirken können und sich somit auch positiv auf die Stimmung auswirken können. (Hank 2016b, S. 17)

Am wichtigsten ist hier natürlich die Führungskraft, da diese eine Vorbildfunktion zu erfüllen hat. Gute emotionale und persönliche Fähigkeiten sind bei einer Führungskraft daher unerlässlich. (Hank 2016b, S. 17) Eine Führungskraft muss über emotionale Intelligenz verfügen, was ihr eigenes Profil auch abrundet. Dabei ist Empathie ein wesentlicher Faktor. Sie muss sich demnach in ihr Team hineinversetzten können, um deren Vertrauen zu gewinnen. (Hank 2016b, S. 17) Danach kann ihr Team voll zu ihr stehen und ihre Fähigkeit der emotionalen Intelligenz wirkt sich positiv auf die Emotionen ihrer Mitarbeiter aus. (Hank 2016b, S 18 -)

Die Investitionen, die in die Teambildung fließen, gehören zu dem Humankapital. (Hank 2016b) Um den Teamzusammenhalt zu stärken wird ein sog. Gruppenvertrag geschlossen. Hierbei werden alle Ziele analysiert, Wechselwirkungen überlegt und den einzelnen Zielen Prioritäten eingeräumt. Der daraus erwachsene Teamzusammenhalt schafft ein gutes Arbeitsklima, welches wiederum als Motivationsquelle der Mitarbeiter genutzt werden kann. Ein Gruppenvertrag ist demnach ein Verhaltenskodex einer einzelnen Gruppe. (Hank 2016b S. 18-19)

2.2.3 Die Emotionsarbeit

Unter Emotionsarbeit versteht man das aktive herbeirufen oder unterdrücken von Gefühlen, welche nach außen getragen werden, um den beruflichen Erfolg zu sichern. Dabei unterscheidet man zwei Formen. Das Surface acting beschreibt die Emotionsarbeit, die erledigt wird, um den emotionalen Ausdruck zu unterdrücken, während das Erleben zugelassen wird. Beim deep acting hingegen, wird das Erleben unterdrückt, was dazu führen soll, dass der emotionale Ausdruck erst gar nicht aufkommt. (Jansen 2018, S. 85)

3. Motivinkongruenz

3.1 Implizite und explizite Motive

Betrachtet man die zwei unterschiedlichen Motivationssysteme ist in der Neurowissenschaft die Rede von impliziten und expliziten Motivationssysteme. Nimmt man die impliziten Motive in Augenschein so stellt sich heraus, dass diese unbewusst sind und sprachlich meist nicht ausgedrückte werden können. Sie werden in frühster Kindheit erworben oder sogar noch davor. So sind die Ängste vor Urgewalten wie z.B. die Angst vor Donner und die damit einhergehenden körperlichen Reaktion meist angeboren. Da sich die Sprache erst später entwickelt, ist das implizite Motivationssystem meist gar nicht oder nur schwer verbalisierbar. Sie gehen, wie bereits angesprochen, mit physiologischen Parametern einher, welche dann messbar gemacht werden können. Sie sind affektbasiert und indirekt über Messverfahren gut erfassbar.

Betrachtet man die expliziten Motive genauer so fällt schnell auf, dass diese sehr wohl verbalisierbar sind. Sie entstehen aus Erfahrungen im Bezug mit der Umwelt. So kann ein explizites Ziel sein, eine gewisse soziale Anerkennung zu erlangen. Dies wiederrum führt dazu, dass unter Umständen eine Arbeit gewählt wird, welche mit einem gewissen Prestige verbunden wird. Auch die expliziten Motive werden meist in der Kindheit erworben, jedoch beziehen sich diese auf die soziale Umwelt. Explizite Motive repräsentieren das Selbstbild. (Staller und Kirschke 2019, S. 16)

3.2 Definition von Motivinkongruenz

Betrachten wir einmal ein Beispiel, um eine Motivinkongruenz besser zu verstehen. Das implizite Ziel ist Sicherheit. Das explizite Motiv soll nun die soziale Anerkennung sein. Nun kommt es dazu, dass unser Freundeskreis einen gemeinsamen Fallschirmsprung plant. Das explizite Motiv möchte natürlich an dieser Aktivität teilnehmen, um vor dem Freundeskreis nicht als Feigling dazustehen. Hier kommt jedoch das implizite Motiv dazu. Dieses möchte lieber in Sicherheit bleiben und nicht aus einer so hohen Höhe springen. Nun entsteht das Problem, dass das explizite Motiv und das implizite Ziel in verschiedene Richtungen gehen. Es entsteht eine Motivinkongruenz. Eine Passung zwischen impliziten und expliziten Motiven ist nicht gegeben. (Schüler et al. 2020, S. 204)

3.3 Folgen einer Motivinkongruenz

Man hat nun den Fall, dass die impliziten und expliziten Motive nicht zusammenpassen. Ein Teil möchte sehr wohl den Fallschirmsprung wagen, da man ja nicht ausgeschlossen werden will, außerdem muss man hier auch noch den Gruppenzwang beachten. Ein anderer Teil möchte aber lieber in Sicherheit leben und solche Wagnisse auch nicht eingehen.

Diese Motivinkongruenz geht natürlich nicht spurlos an einem vorbei. Die Tatsache, dass man hier zwiegespalten ist, löst Stress aus. So wird die Motivinkongruenz zu einem Stressor. Normale Stressoren lösen sich meist mit der Zeit auf. Betrachtet man eine Mutter, die von ihren Kindern überfordert wird, löst sich der Stressor auf, wenn die Kinder z.B. schlafen. Nicht aber dieser Stressor. Eine Motivinkongruenz hat nämlich eine gewisse Dauerhaftigkeit, wodurch der Stressor aufrecht gehalten wird.

Eine Motivinkongruenz wirkt sich also dauerhaft auf den Stress aus den man verspürt. Ändert man jedoch das Beispiel wird eine weitere negative Folge bewusst. Gehen wir nun davon aus, es handelt sich bei der Gruppe nicht um den Freundeskreis, sondern um einen Kreis an Geschäftsleuten, die es zu beeindrucken gilt. Hier verändert sich auch das explizite Motiv. Das explizite Motiv ist es nun in der Hierarchie aufzusteigen. Das implizite Motiv wirkt sich nun hemmend auf die Karriere auf, da man von den Geschäftsleuten z.B. als schwach angesehen wird. Das bedeutet, dass sich die Motivinkongruenz nun negativ auf die Zielerreichung auswirkt.

Steht eine Motivinkongruenz der Zielsetzung im Wege, wird es nun auch schwieriger sein Ziel zu erreichen. Man muss z.B. seine Aufmerksamkeit immer wieder auf das Ziel richten, was verschiedene kognitive Ressourcen verschlingt. Diese Anstrengung manifestiert sich dann als weiterer Stressor.

Bleiben wir bei dem Beispiel mit dem Fallschirmsprung. Kann man seine Aufmerksamkeit nun tatsächlich darauf lenken und den Sprung absolvieren, so hat man das Ziel des expliziten Motives erreicht. Durch das Ignorieren des impliziten Motives bleibt jedoch die Erfüllung aus. Jene Erfüllung, die man verspürt, wenn man ein Ziel erreicht hat, welches sowohl das implizite und explizite Motiv befriedigt hat. Wäre dies der Fall gewesen, würde man sich wohl und zufrieden fühlen. (Puca und Schüler 2017, S. 232–233)

3.4 Interventionsmaßnahmen bei einer Motivinkongruenz

Macht sich eine Motivinkongruenz also bemerkbar, kann dies spürbare Folgen mit sich bringen. Man ist gestresst, fühlt sich unwohl und benötigt einiges an Ressourcen, um seine Ziele vielleicht doch noch zu erreichen.

Jedoch gibt es bestimmte Mittel und Wege, um eine Motivinkongruenz aufzulösen. Zuerst sei gesagt, dass es notwendig ist, seine expliziten aber vor allem seine impliziten Motive zu kennen, um beide Motivationssysteme wieder in Harmonie zu bringen.

Dies ist zum einen möglich durch die klassische Motivdiagnostik. Durch eine PSE-Auswertung hat man nicht nur die Möglichkeit seine Motive zu erkennen, sondern sie kann auch helfen ein Selbstbild aufzubauen, welches der Realität mehr entspricht.

Auch ein direktives Beratungsgespräch kann hilfreich sein. Durch die Imagination des Ablaufs der Übung werden die impliziten Motive besser sichtbar gemacht, indem sowohl das explizite als auch das implizite Motiv aktiviert werden.

Innerhalb der Interventionsmaßnahmen zur Auflösung der Motivinkongruenz kann man seine Motive auf zwei Weisen betrachten. Man kann entweder zurückblicken und analysiert vergangene Motive und Konflikte. Man kann jedoch auch die Anreizpunkte in der Vorschau beobachten und somit seine Ziele für die Zukunft besser setzen. (Rheinberg und Engeser 2007, 34 - 36)

Durch eine umfassende Analyse von impliziten und expliziten Motiven kann man sich also in die Lage versetzten, seine Motive so auszurichten, damit die Motivinkongruenz sich auflöst. Dabei verändert sich natürlich auch die Selbsteinschätzung. Diese Veränderung muss jedoch nicht unbedingt von Dauer sein, da sie in ein größeres Konstrukt der Selbstbetrachtung eingegliedert wird und somit mit der Zeit neue Motivinkongruenzen entstehen können.

Es kann daher helfen sich bewusst zu werden, dass das implizite Machtmotiv eine treibende Kraft im Leben darstellt. Es ist hilfreich sich bewusst zu werden, dass dies nicht nur negative, sondern auch positive Seiten haben kann. Bindet man das implizite Motiv mehr in sein Leben ein und füllt dieses mit motivpassenden Handlungskontexten, so wird man auf kurz oder lang den Motivinkongruenzen aus dem Weg gehen, und somit ein erfüllteres und stressfreieres Leben führen können. (Rheinberg und Engeser 2007, S. 38)

1 Literaturverzeichnis

Becker, Beate (2014): Grundlagen der Differentiellen und Persönlichkeitspsychologie. Studienbrief. SRH Riedlingen, Riedlingen.

Hank, Irena (2016a): Emotionale Intelligenz und optimales Teaming: eine empirische Untersuchung. Research Report. European Institute for Knowledge- and Value-Management A.s.b.l. Online verfügbar unter http://hdl.handle.net/10419/126612, zuletzt geprüft am 18.07.2019.

Hank, Irena (2016b): Emotionalle Intelligenz und optimales Teaming. Eine empirische Untersuchung. Online verfügbar unter http://hdl.handle.net/10419/126612, zuletzt geprüft am 29.07.2019.

Jansen, Lars (2018): Emotion. Studienbrief. SRH Riedlingen, Riedlingen.

Puca, Rosa Maria; Schüler, Julia (2017): Motivation. In: Jochen Müsseler und Martina Rieger (Hg.): Allgemeine Psychologie, Bd. 64. Berlin, Heidelberg: Springer Berlin Heidelberg, S. 223–249.

Rheinberg, Frank; Engeser, Stefan (2007): Motivation und Motivationale Kompetenz, Uni Potsdam. Online verfügbar unter http://www.psych.uni-potsdam.de/people/rheinberg/files/MotivFoerdMotivatKompetenz.pdf, zuletzt geprüft am 21.11.2019.

Schüler, Julia; Wegner, Mirko; Plessner, Henning (Hg.) (2020): Sportpsychologie. Berlin, Heidelberg: Springer Berlin Heidelberg.

Staller, Thomas; Kirschke, Cornelia (2019): Antrieb. In: Thomas Staller und Cornelia Kirschke (Hg.): Die ID37 Persönlichkeitsanalyse. Berlin, Heidelberg: Springer Berlin Heidelberg, S. 9–30.